A CITY IS NOT GAUGED BY ITS LENGTH AND WIDTH, BUT BY THE BROADNESS OF ITS VISION AND THE HEIGHT OF ITS DREAMS.

~HERB CAEN

THIS BOOK BELONGS TO: ___________________________________

Contents

RIVERWALK
RIVERWALK
RIVERWALK
RIVERWALK
RIVERWALK
RIVERWALK
RIVERWALK
RIVERWALK

Midland Street

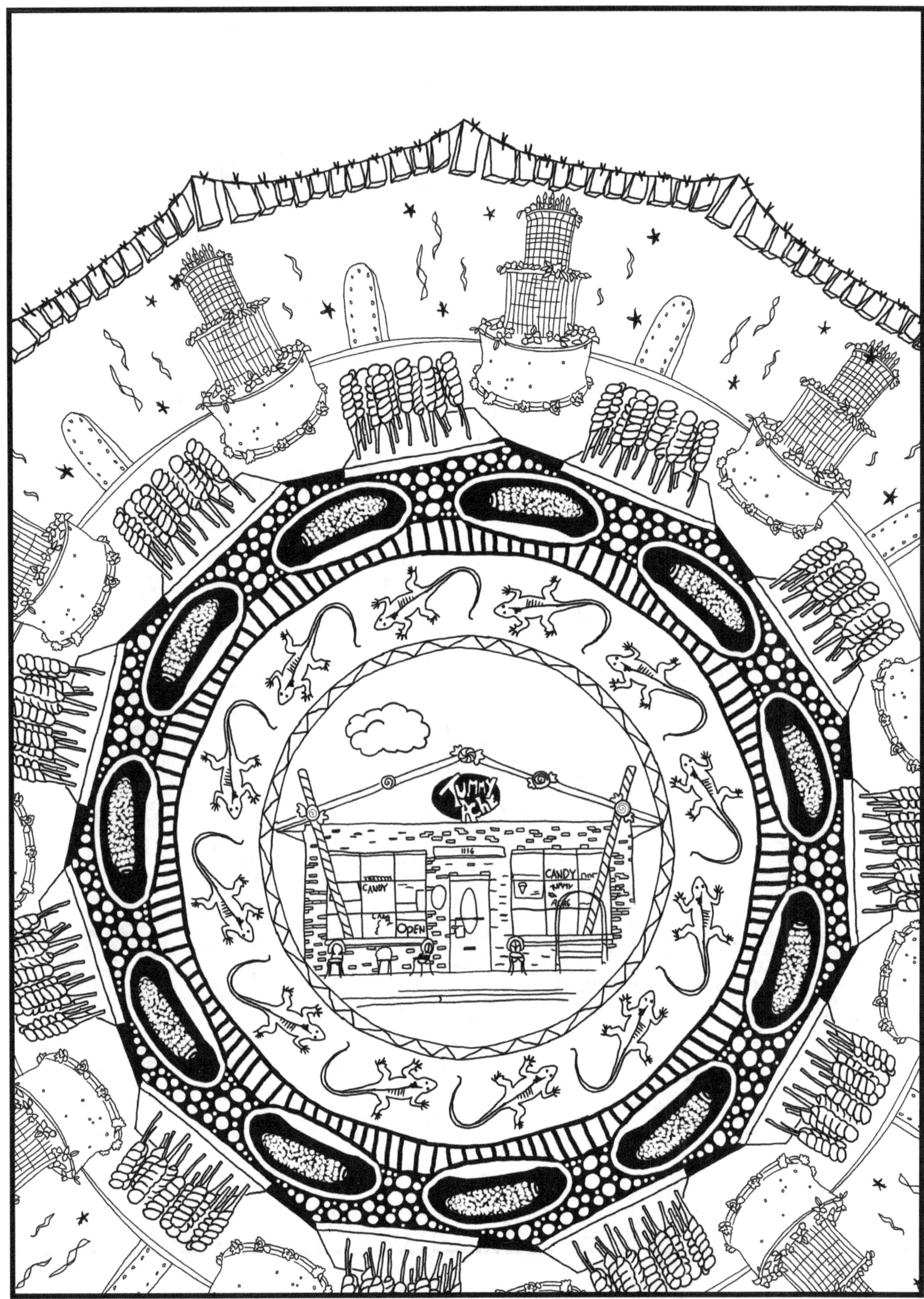
Yummy Ache
1116
CANDY
OPEN
CANDY
Yummy Ache

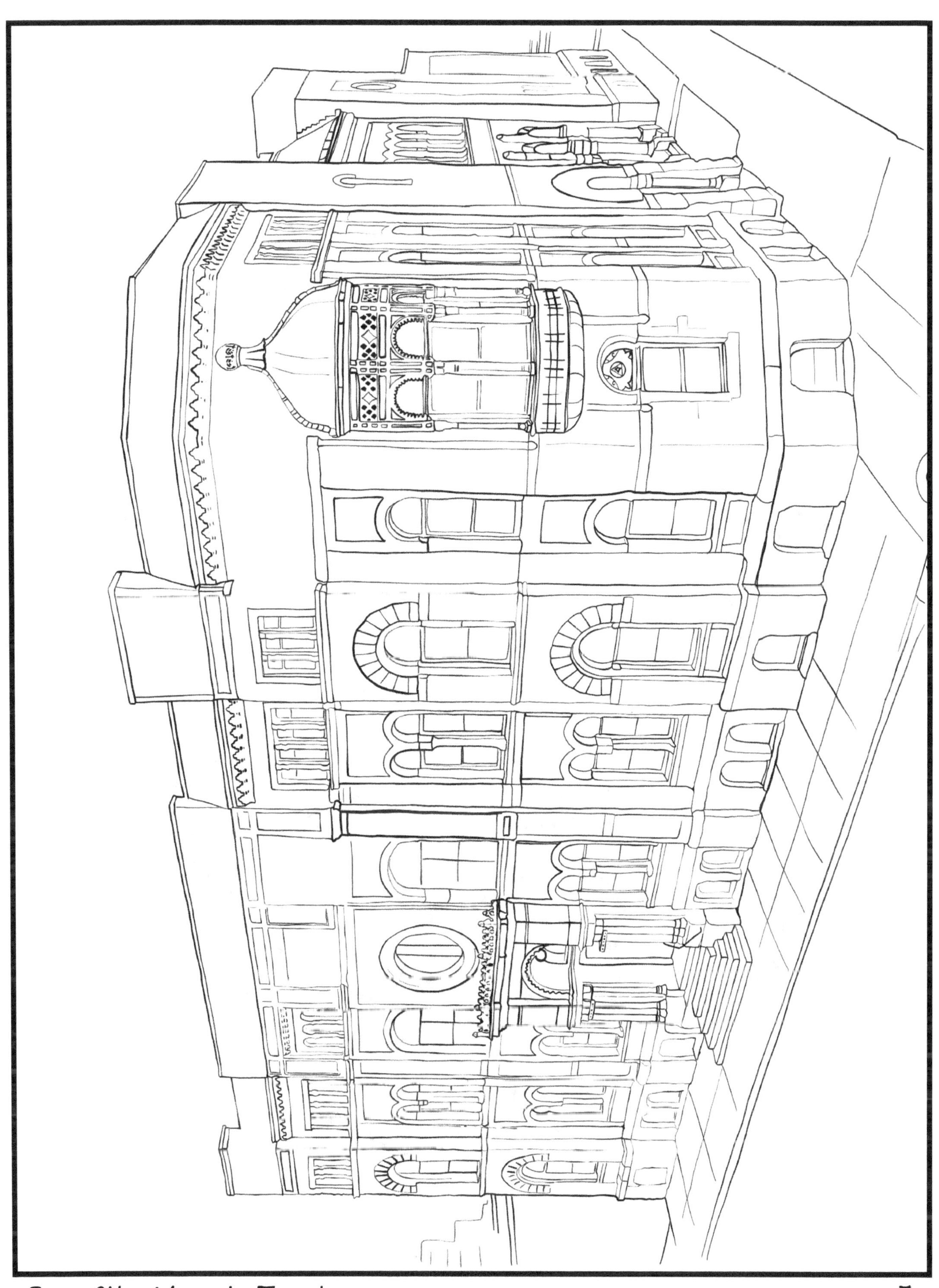

Bay City Masonic Temple

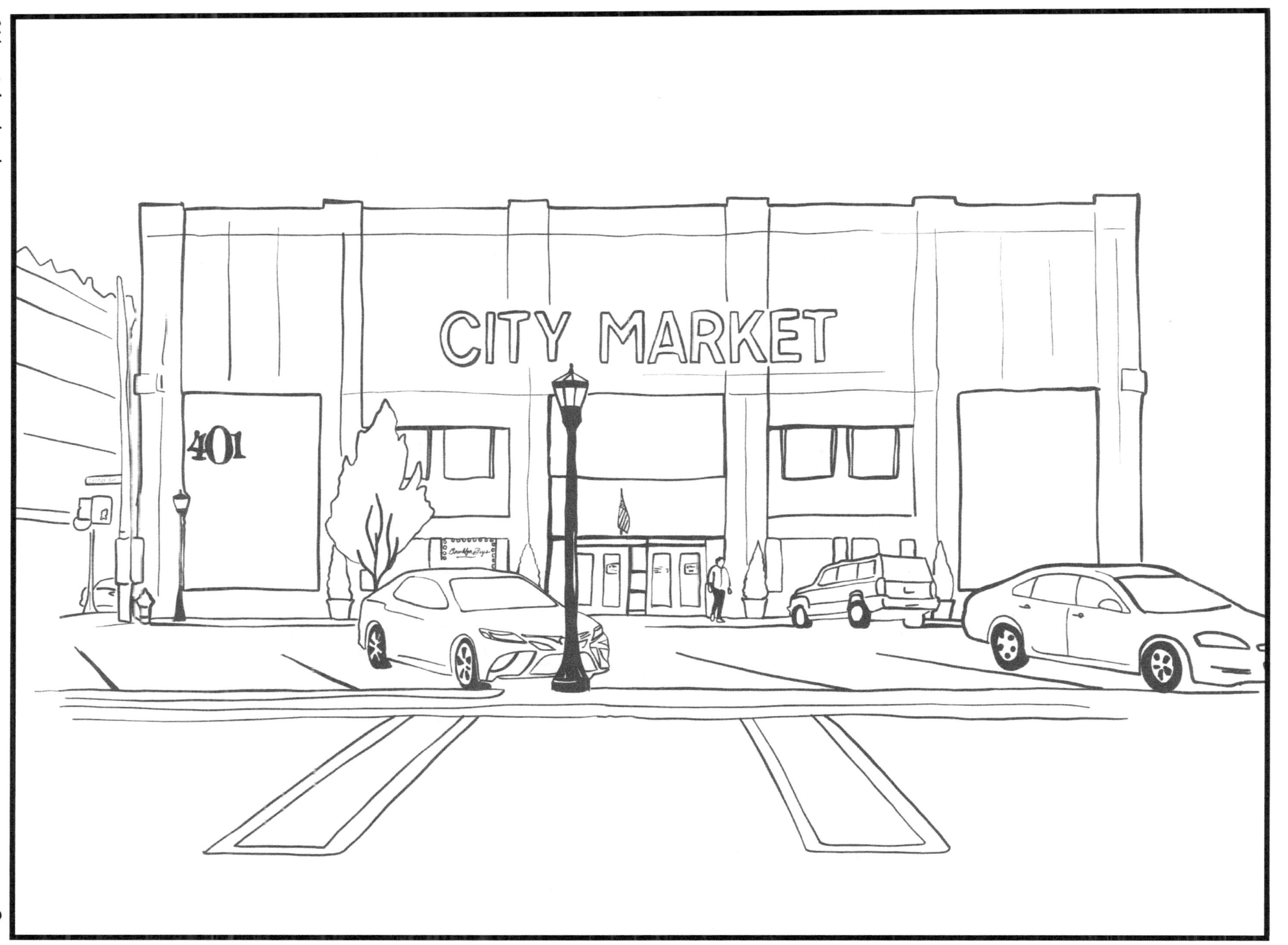

City Market

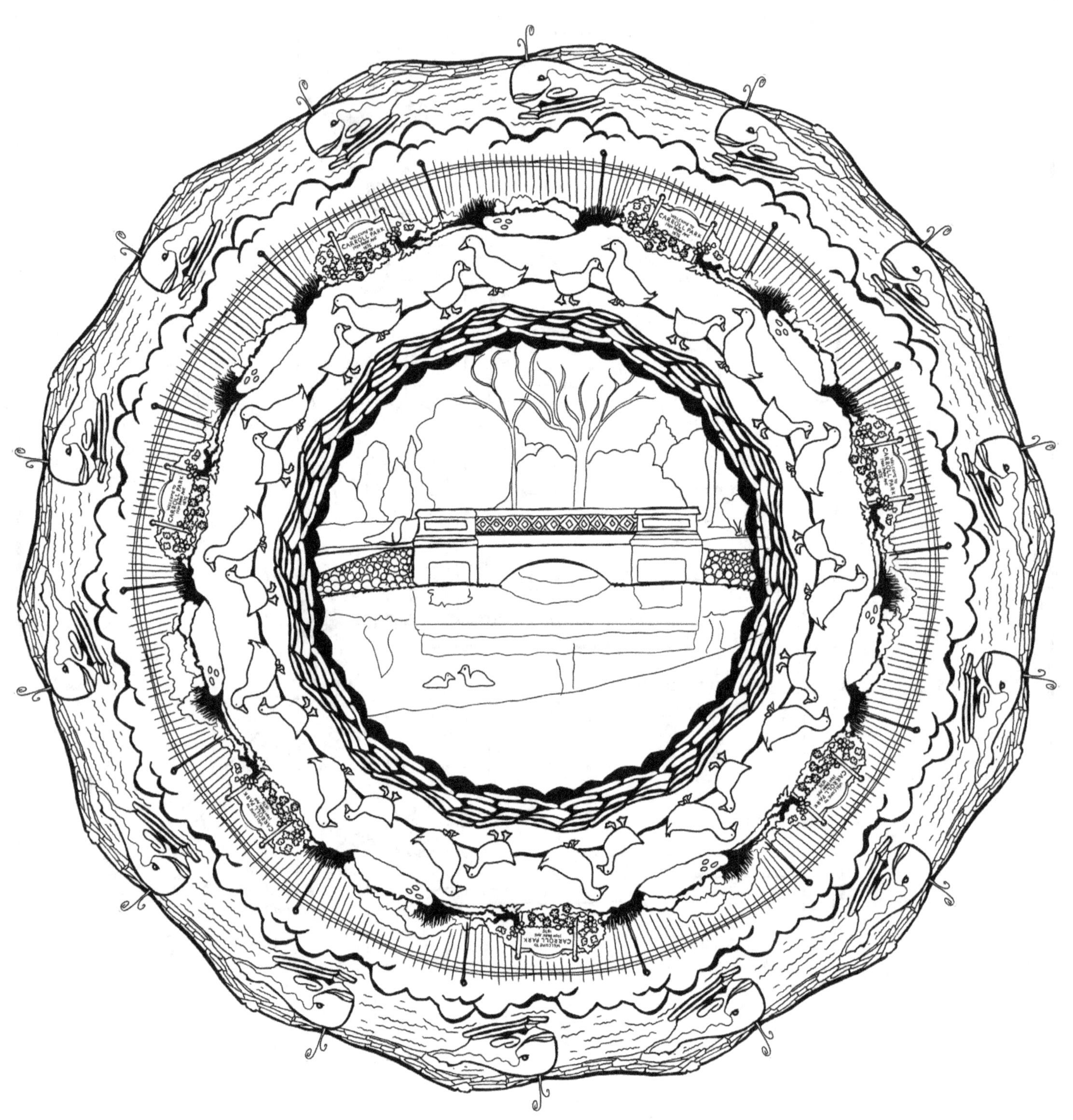

WELCOME TO
CARROLL PARK
WELCOME TO
CARROLL PARK

World Friendship Shell

World Friendship Ring

BAY CITY

Bay City Hall

Bay County Courthouse

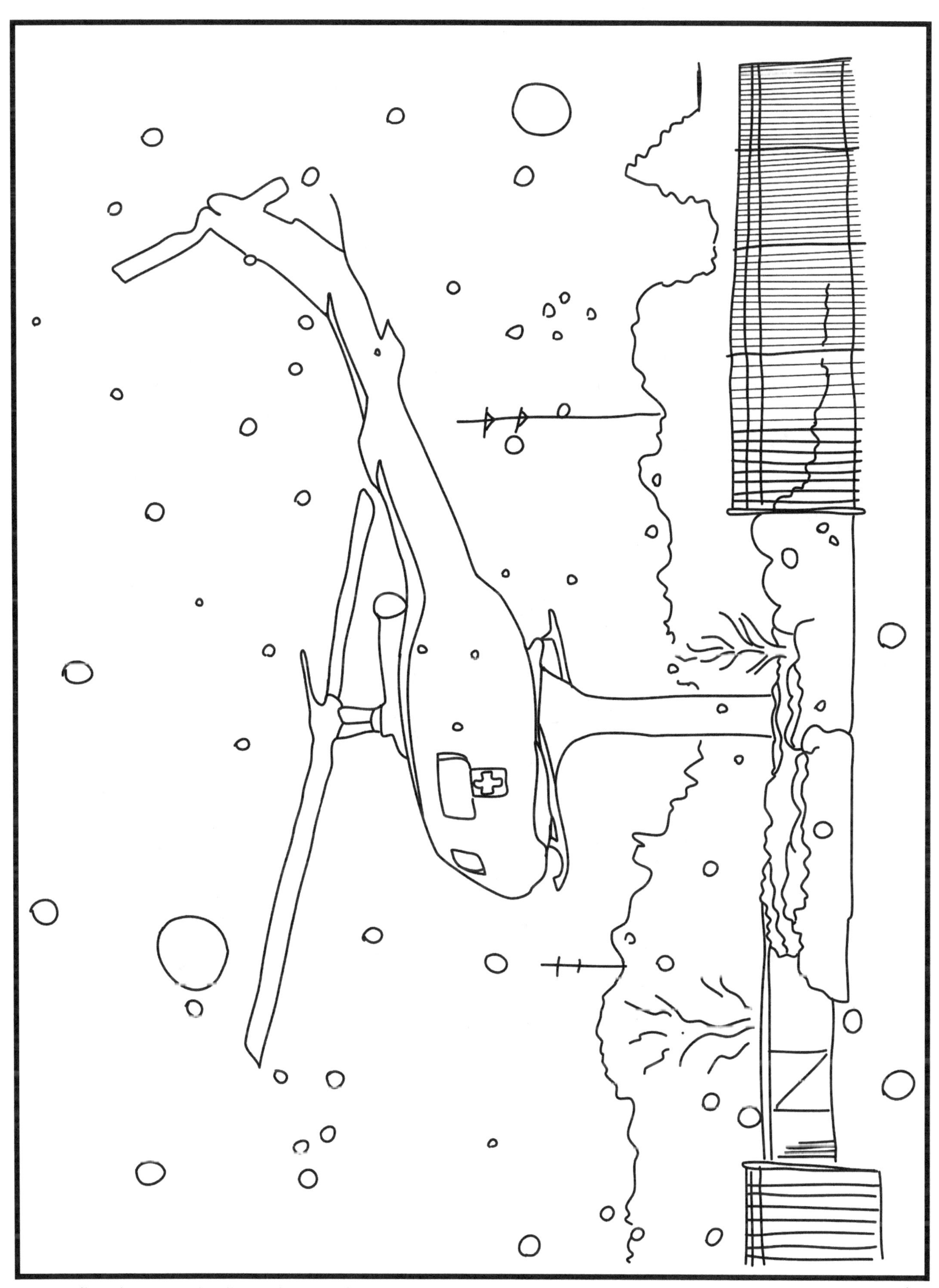

UH-1H "Huey" helicopter at Veterans Park

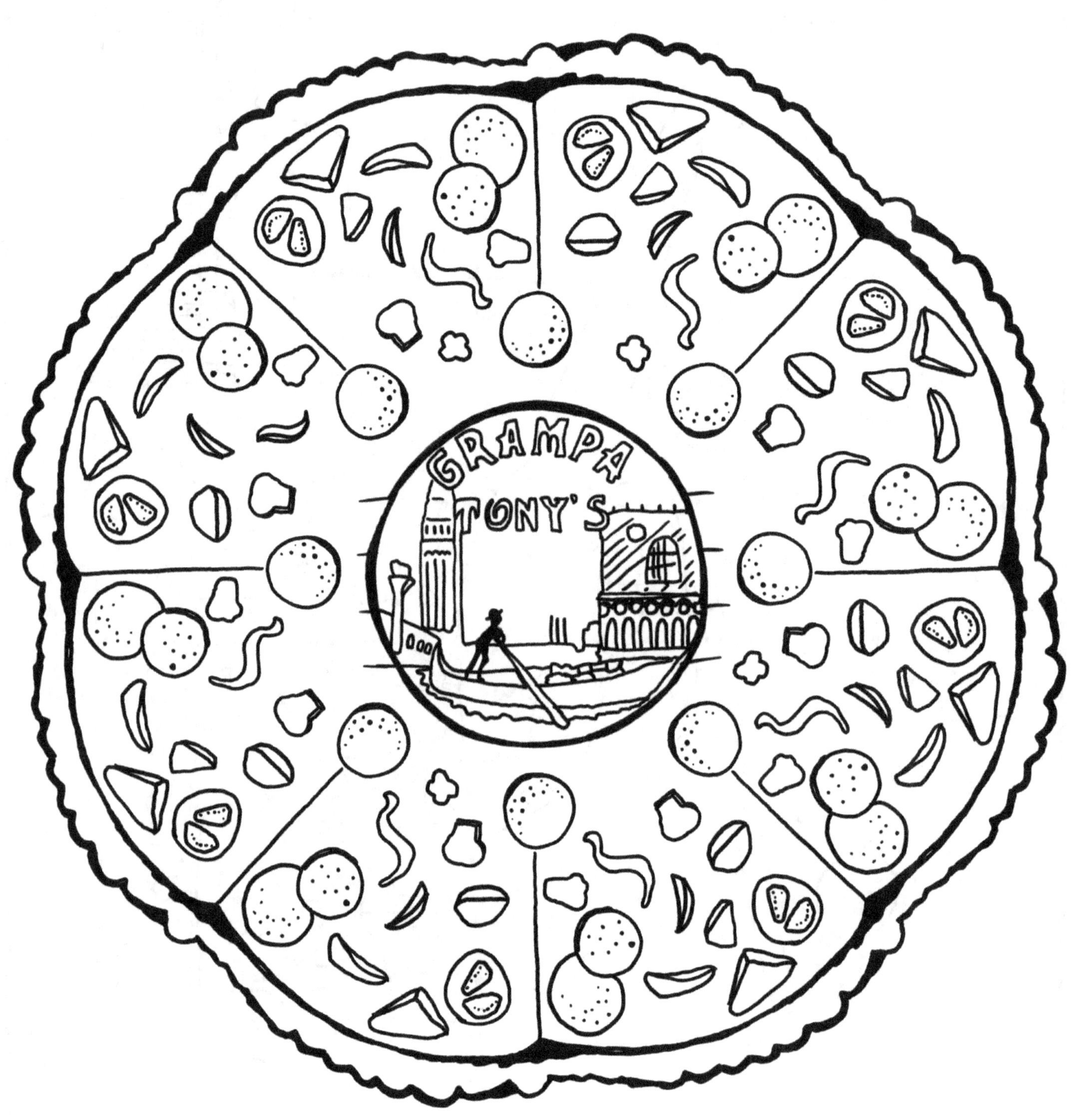

GRAMPA
TONY'S

Former Mill End Store

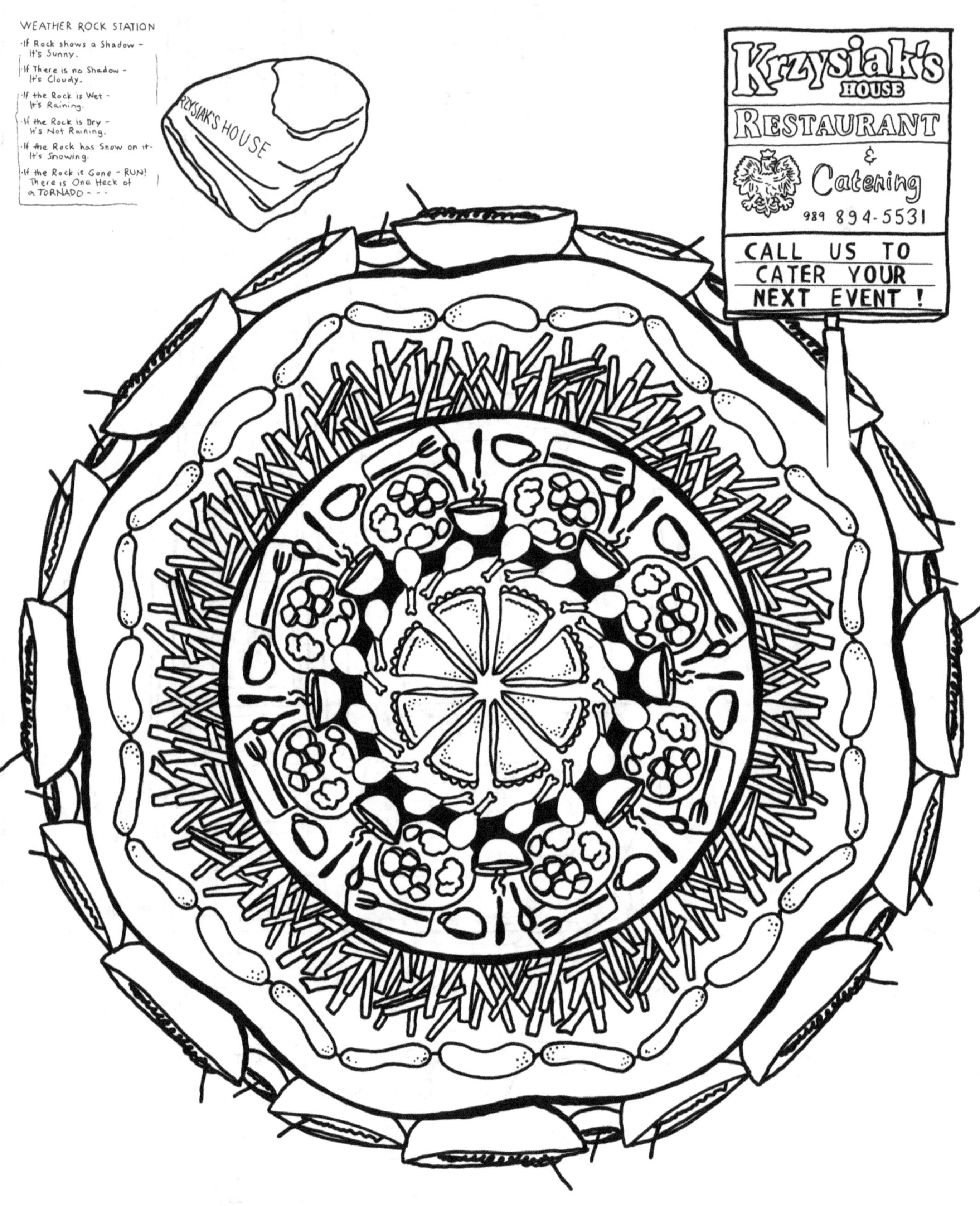

WEATHER ROCK STATION
·If Rock shows a Shadow —
   It's Sunny.
·If There is no Shadow —
   It's Cloudy.
·If the Rock is Wet —
   It's Raining.
·If the Rock is Dry —
   It's Not Raining.
·If the Rock has Snow on it —
   It's Snowing.
·If the Rock is Gone — RUN!
   There is One Heck of
   a TORNADO — — —

KRZYSIAK'S HOUSE

Krzysiak's HOUSE
RESTAURANT
&
Catering
989 894-5531
CALL US TO
CATER YOUR
NEXT EVENT !

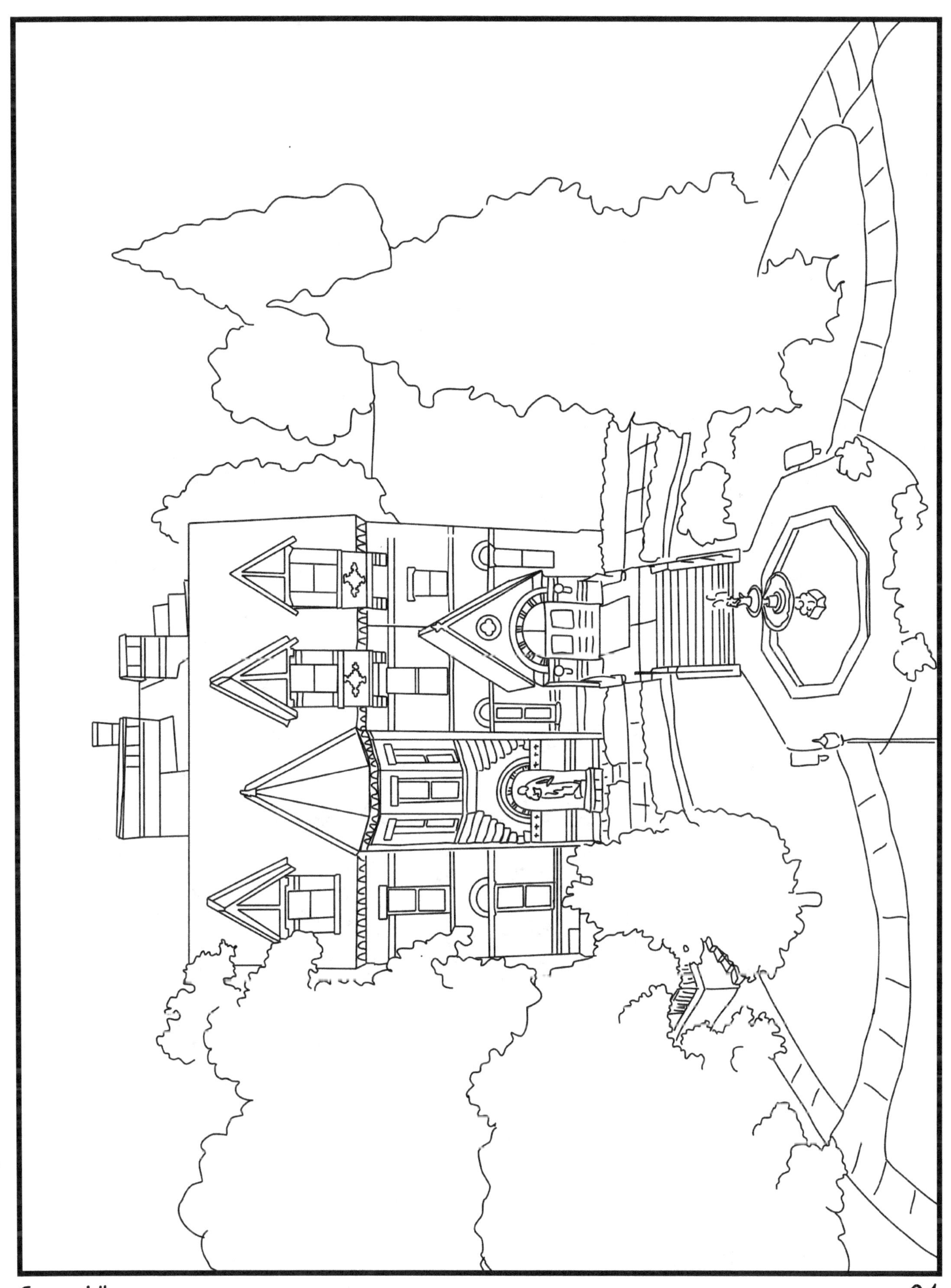

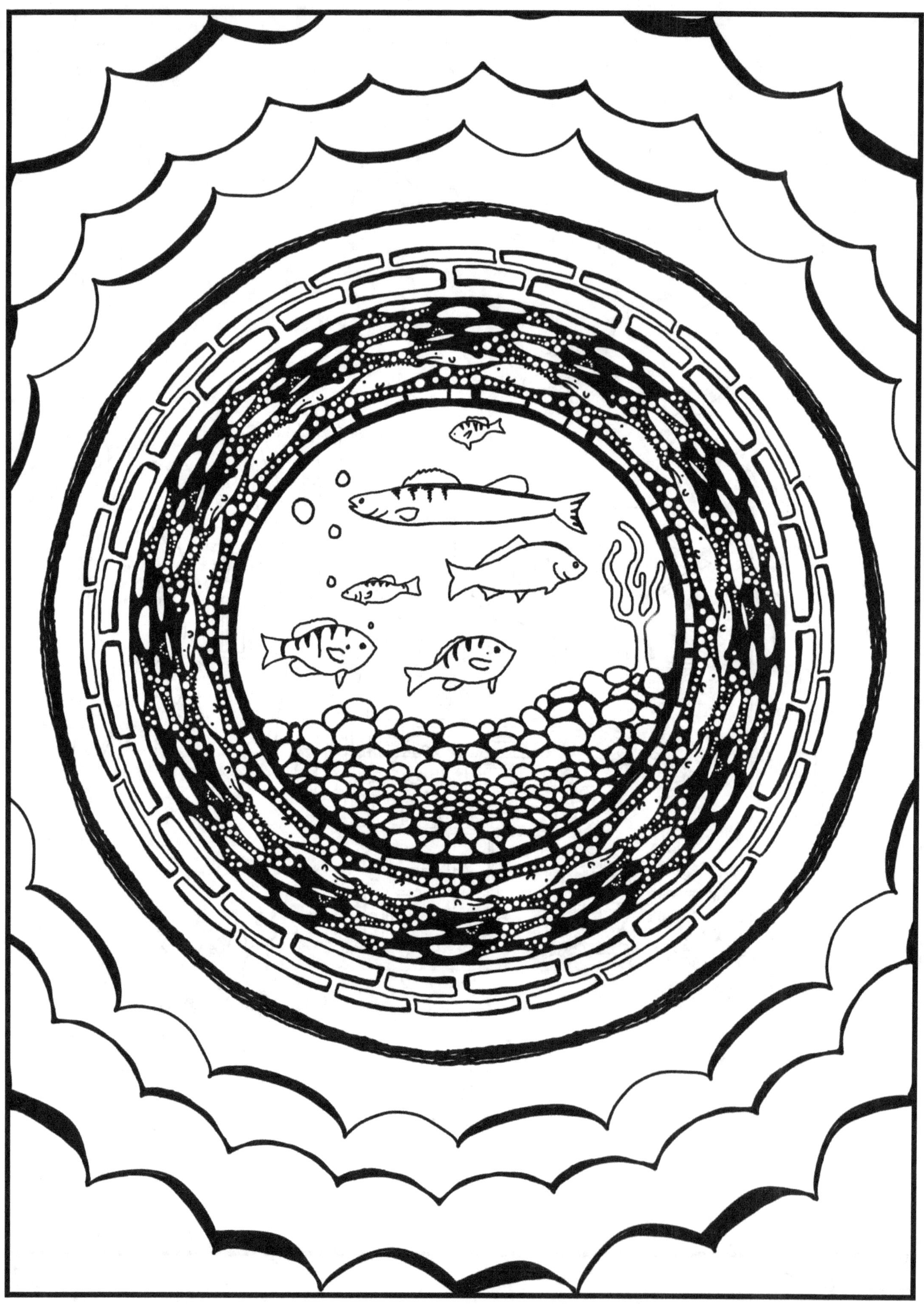

ANTIQUES
Antiqus
OPEN

Rudy's Red Lion Diner

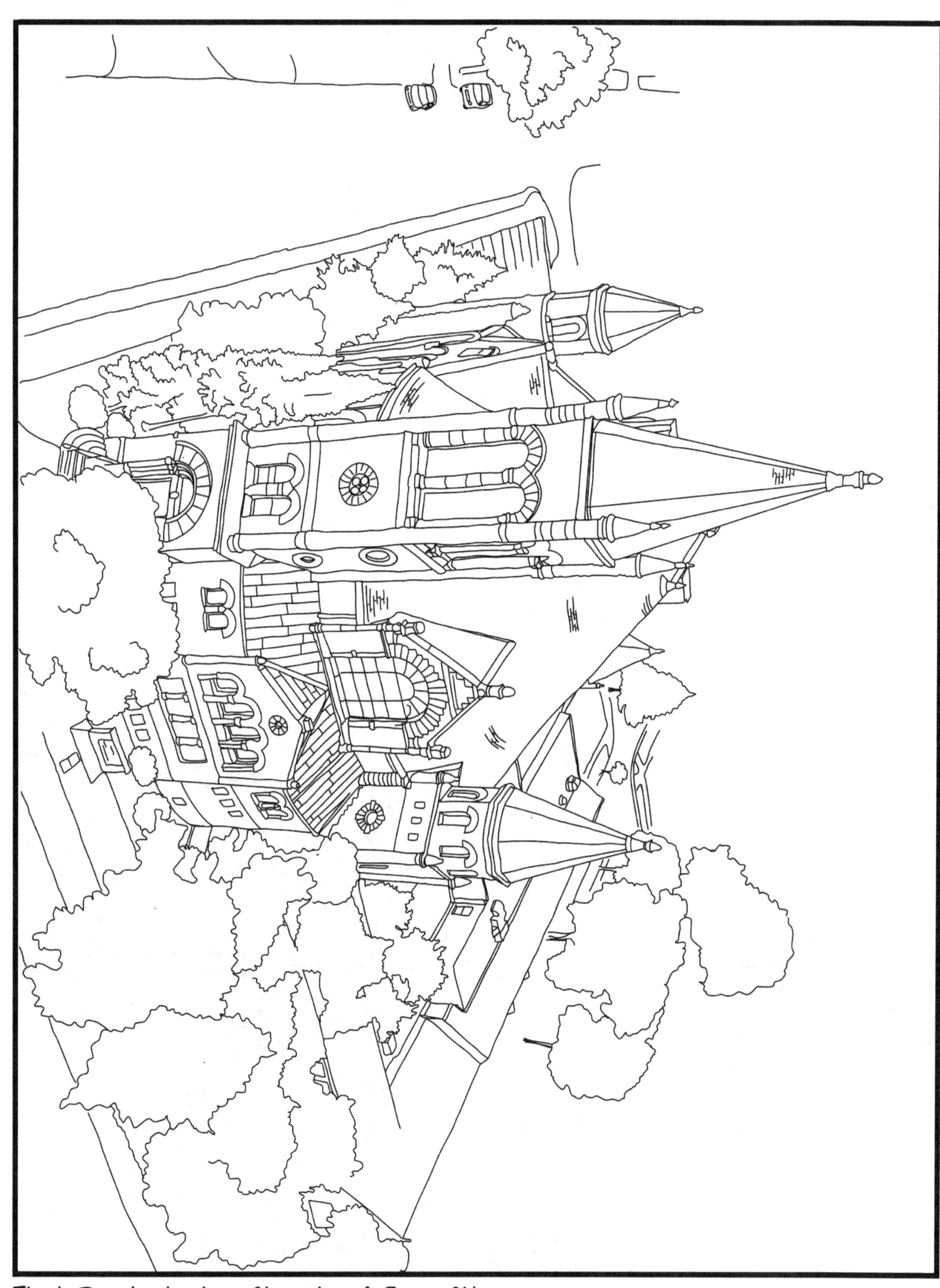

First Presbyterian Church of Bay City

PUTZ
PUTZ
HARDWARE
HARDWARE
PUTZ'S
201
LAWN BOY
ECHO
ECHO
TOMATO JUICERS
APPLE PEELERS
PICKLE Crocks
GET ALL YOUR CANNING SUPPLIES HERE
WE DO SMALL ENGINE REPAIR
WE REPAIR WINDOWS AND SCREENS
CHAINSAW SHARPENING
OPEN

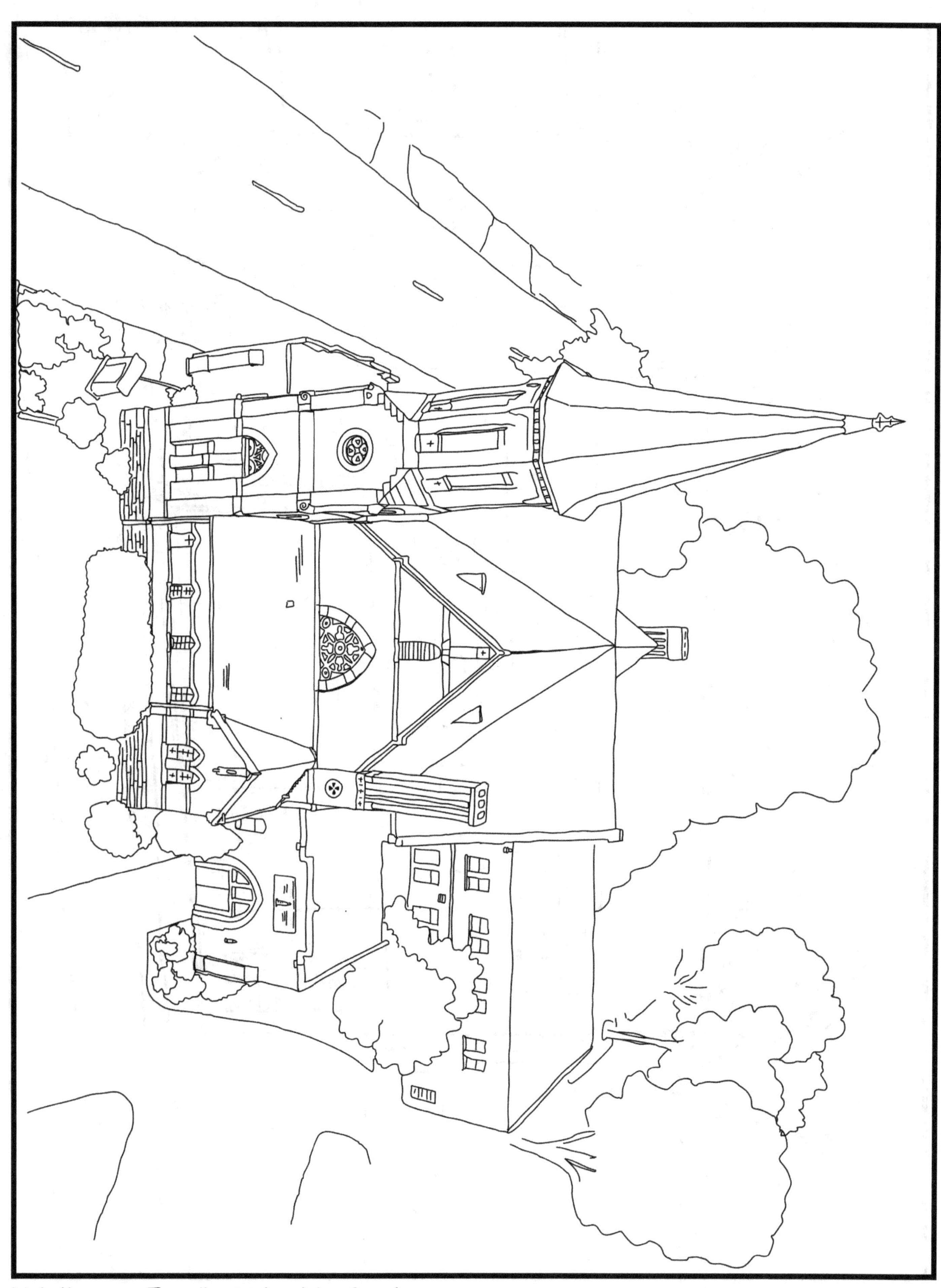

Lighthouse Family Worship Center

St. Laurent Brothers
Hand Dipped Chocolate
Old Fashion Candy • Fudge
Fresh Roasted Nuts
All Natural Peanut Butter
Ice Cream • Caramel Corn
Popcorn Supplies
Nuts Since 1904
THE NUT HOUSE
St. Laurent
CANDIES...NUTS
NUTS
SINCE 1904
PEANUT BUTTER
FRESH ROASTED NUTS
CANDY CORN
HAND DIPPED CHOCOLATES
ICE CREAM

The Wanigan Eatery

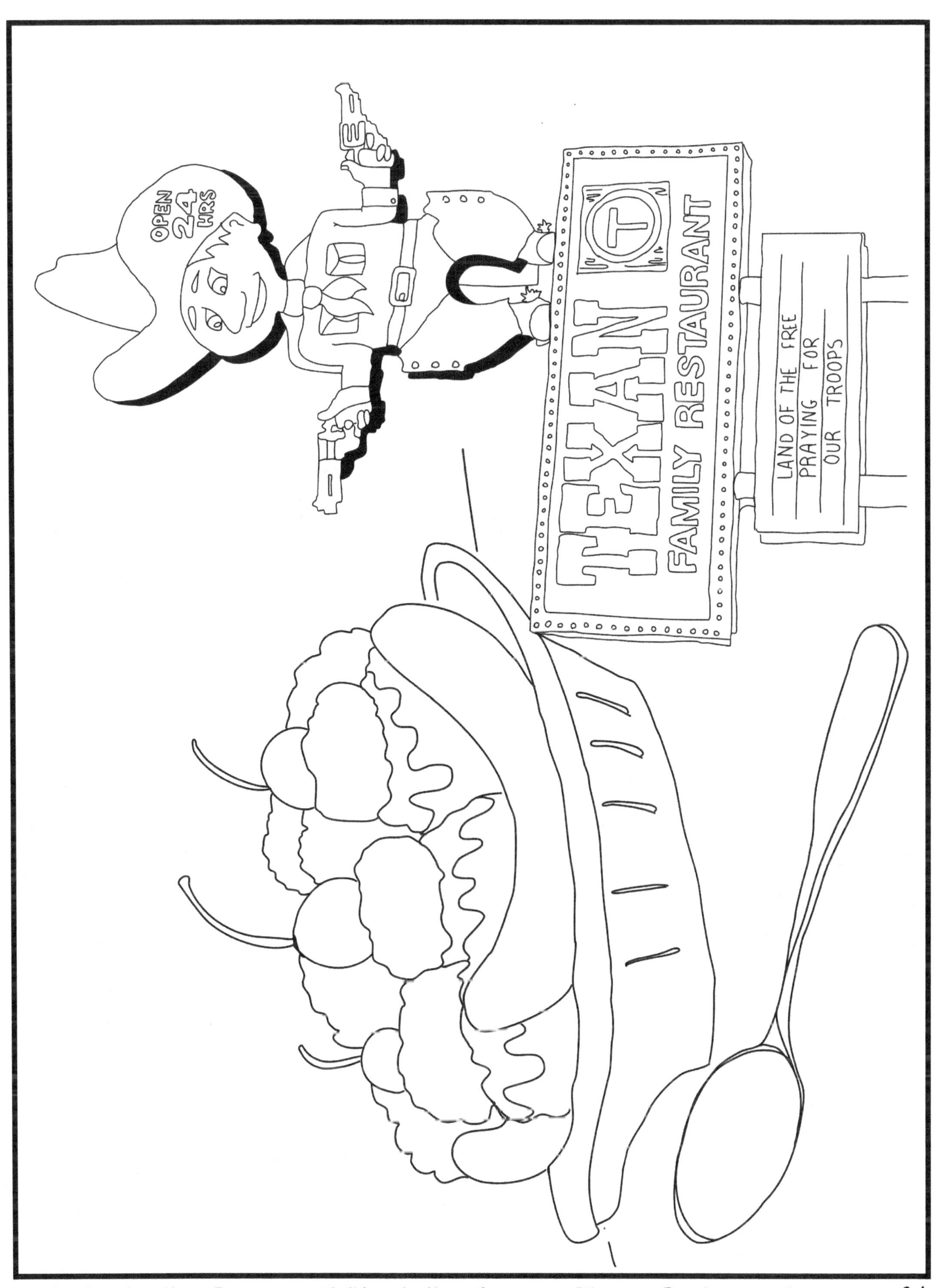

Tribute to the Banana Split at the former Texan Restaurant

fresh
POP CORN
DELICIOUS
NUTRITIOUS
STATE
Bay City Players
Bay City Players

Mill End Lofts

MUSSELL
Beach
'DRIVE-IN'
OPEN
* CLOSED MONDAYS *
Mussel Beach Restaurant
Excellent food • Premium ice cream

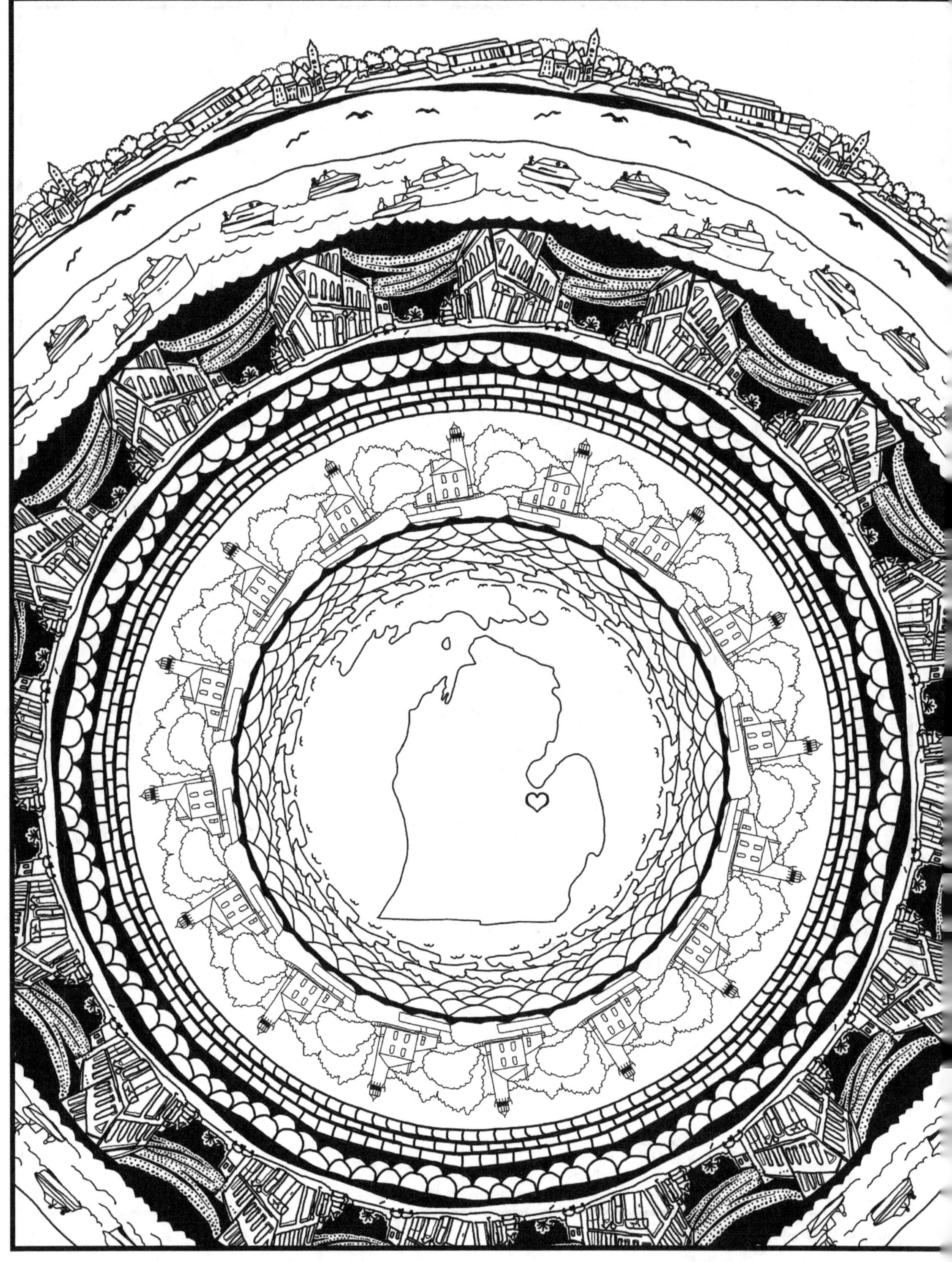

Our Lady Of Peace Parish (Visitation Church)

Pere Marquette Railroad Depot

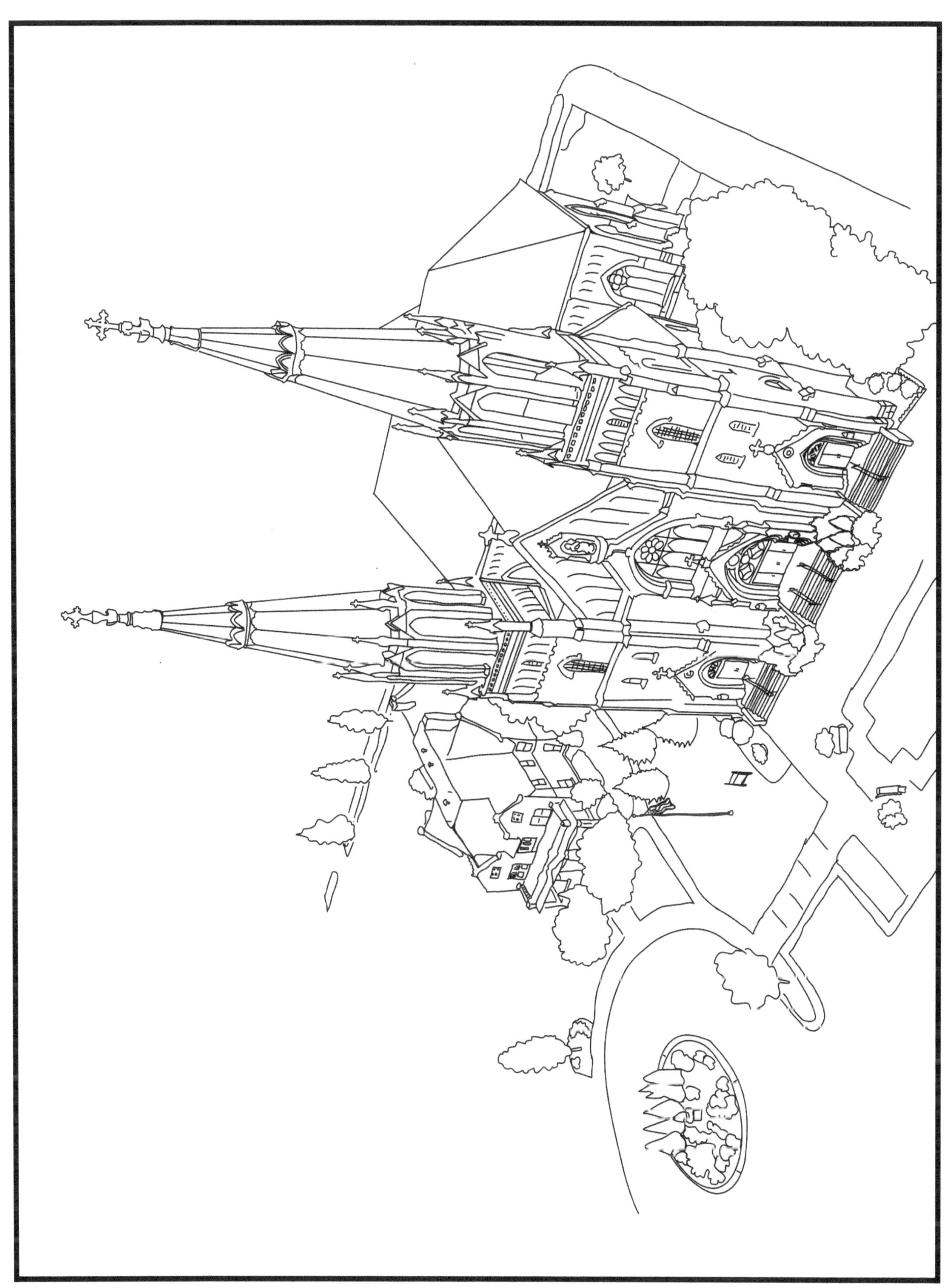

Saint Stanislaus Church

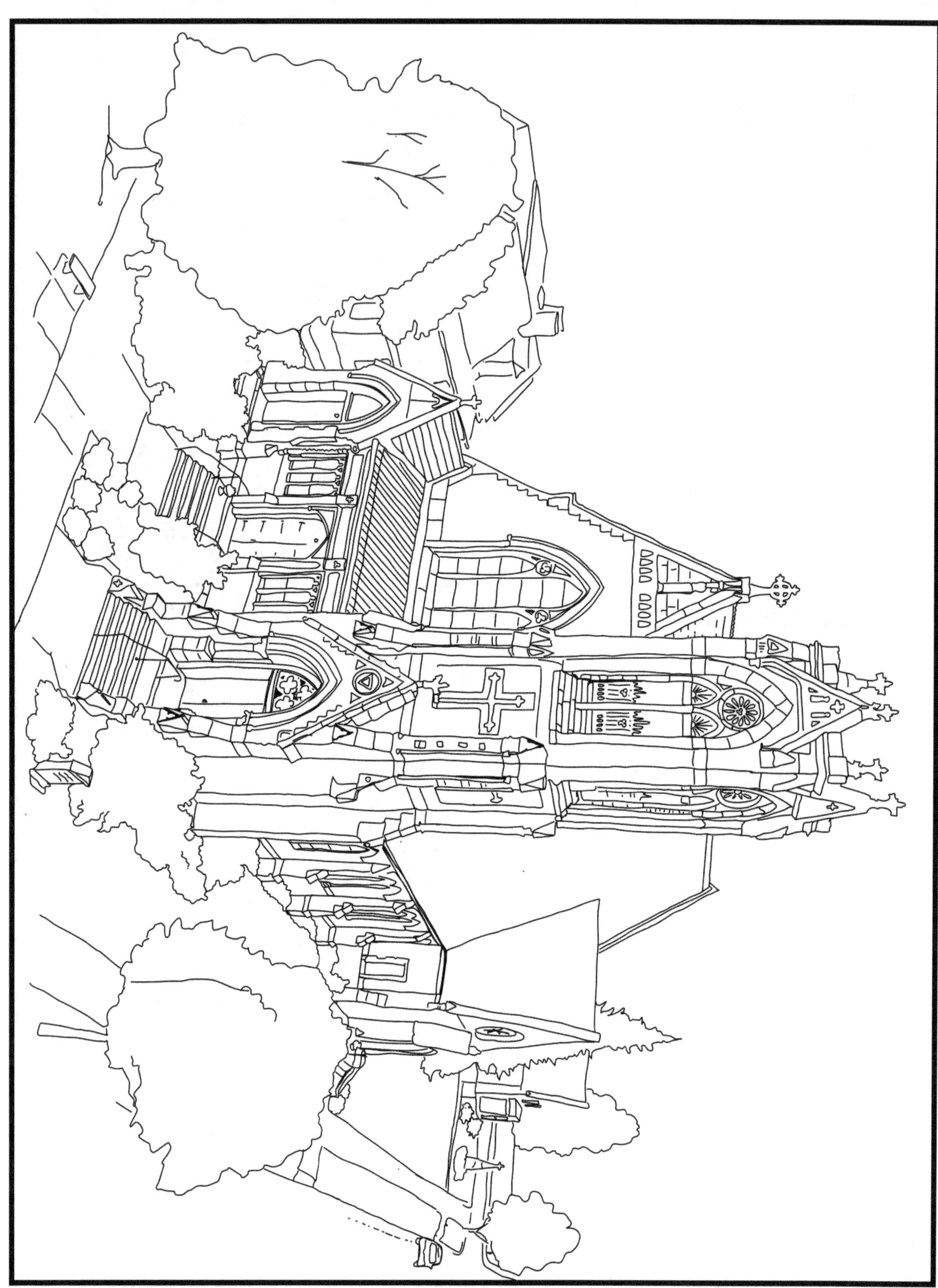

Trinity Episcopal Church

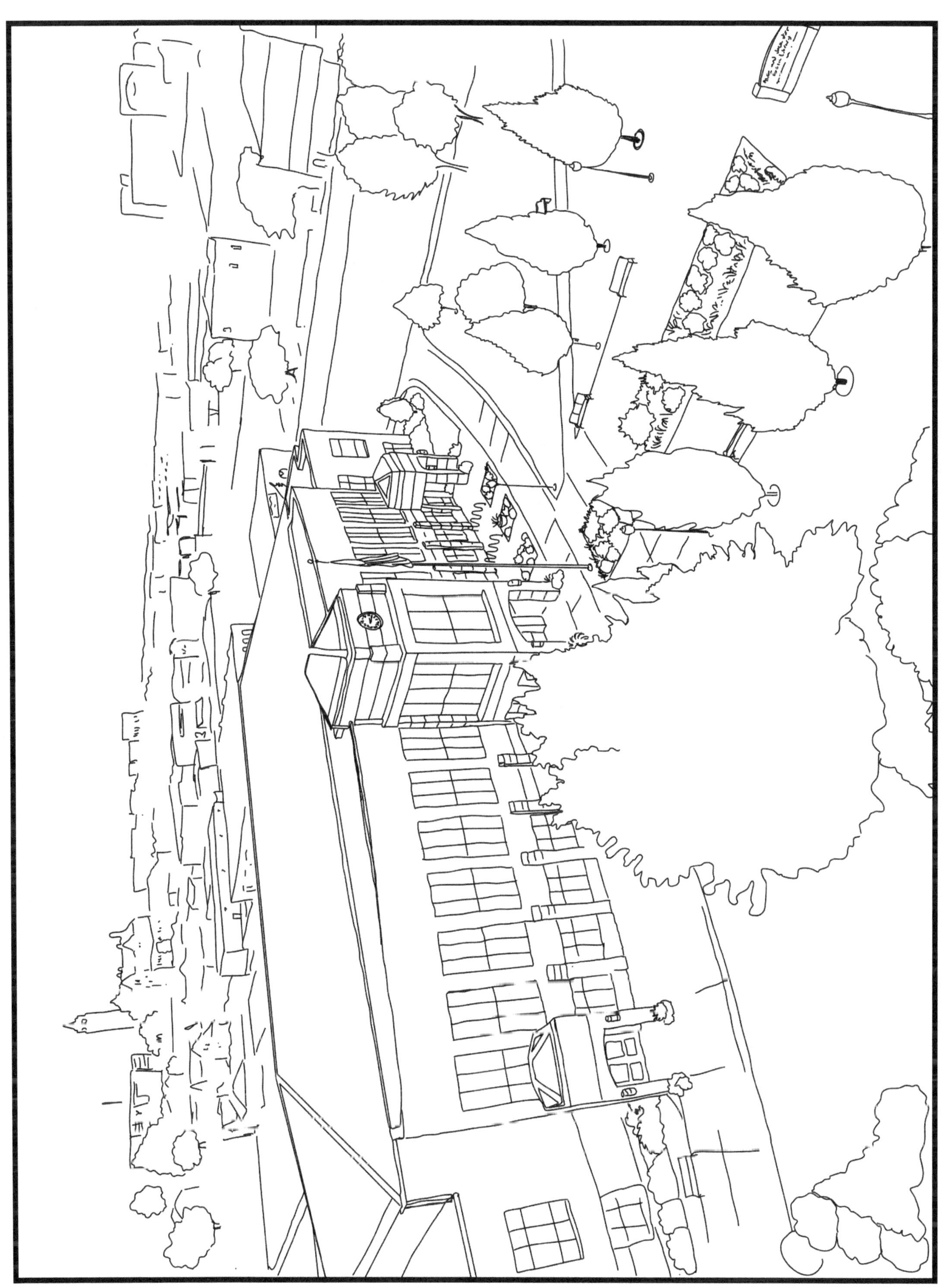

Alice & Jack Wirt Public Library

LARSON
SALVAGE
LARSON
SALVAGE
PAINT
OPEN
HUGE
STOCK
CABINET
DOORS

MADE IN MICHIGAN
BAY CITY
COOPERATIVE
MARKET
MEMBER OWNED

Bay City Word Find

```
S K M Y M S M V G S P I Z Z E R I A E H C A Y M M U T U E K
C G I K I N F U N M J S X T D T E B L U Y C R I Y D B Q P N
L Y B P K A A M V R A L E O O F T A H E B V A Z R K J T F H
B I F O B C G X T I C Y P P C T M Y G Y Y D R T A K Z L Q R
E N U P Y H G X P V K W C E X F T C I T Y I B I R X V P Y K
Y T S Y D A U B Q E S F D D D B K I R H V E I Y B O Z B V B
S E S P C N V W F R B I F D C F T T N E U F L Y I A L G F R
P R E C R S V D M W I H M A I K I Y M H I P E G L T B E Z E
W M D Q H G Y O P A C Z B O S B F F B E M T G C C O L P W W
U I S R C A W R K L Y J P R J E L U N L O E A I I O M G C T
W S O E S R H P J K C X T L V A C S Q I R A S T L F I J J O
A S N I T D D A Z P L C J I A T M I P C E M C Y B Y D H A P
W I J M I E Q I U E E N T A C L I O Z O T V U M U D L J K I
R O S N K N U N C X S J M R R E S N F P N M U A P V A D E A
Q N R T C K K T M Y H S K E B S E O M T E U S R T E N T S P
X D F J I R R E A M O G B T I A I N U E C R R K R C D I C R
I E L U R I A R N I P I C T G N T E P R C E E E I J S S O U
O L B Y T H P L W L P K E E E D I C D B I U I T W U T W R Q
M I B H C O L Y N L S U D U L B C A N Y S R S I K B R J N T
C M Z I E H L P O E C J Y Q O E I F Q D U J G S C G E L E C
I F Y S L C O O N N T I L R W A R E J L M V P R A M E Y R A
G B M Z E S R T F D M D M A P N T N K D R E Q Z J I T J L S
G M E D H A R T Q W I L R M A S F Z H C E G T P E M Z V O S
N C M L U Y A E U Q W D Y E R A M Q G V T X O J C E W X U A
G G I F V Z C R H E F T Q R K L P Y A S R Z G R I R P K N L
R L N O E E Y Y C M Q Z K E V S Q K U P E N L H L O I L G G
Q B A U J X S U J U E J S P T E E W S N H W H V A X T T E S
K G A T S B Y S S E A F O O D A N D S T E A K H O U S E Q J
R F K X L A N S O J R U L N T P W E L P M E T C I N O S A M
Z Q U M U H J J E F R I E N D S H I P S H E L L Y T D G L F
```

ALICE JACK WIRT PUBLIC LIBRARY	PERE MARQUETTE RAILROAD DEPOT
BAY CITY	RIVER WALK
BEATLES AND BEANS	SAGE LIBRARY
BIGELOW PARK	TRICITIES
BREWTOPIA	TUMMY ACHE
CARROLL PARK	USS EDSON
CHAN'S GARDEN	INTERMISSION DELI
CITY MARKET	JACKS BICYCLE SHOP
ELECTRIC KITSCH	JAKES CORNER LOUNGE
FRIENDSHIP SHELL	MASONIC TEMPLE
FUN	MIDLAND STREET
FUSION ONE CAFE	MILL END
GATSBYS SEAFOOD AND STEAKHOUSE	PAINTERLY POTTERY
GLASS ACT	HUEY THE HELICOPTER
GS PIZZERIA	
HERTER MUSIC CENTER	

This is our home in the Banks area of Bay City. It was built in 1860 and we love everything about it! Thank you to everyone who helped make this coloring book possible and especially the members of the Memories of Bay City facebook group who offered so many great suggestions and encouragement!